Für bärig gute Freunde

Illustrationen von Günther Jakobs
Text von Tina Herold

GROH

Was wären wir nur
ohne unsere bärig guten Freunde?

Ohne Freunde wären wir
manchmal sehr allein …

... etwas würde fehlen.

Irgendwie käme man sich im Stich gelassen vor …

… und würde manchmal ganz schön
in der Patsche sitzen.

Ohne Freunde gäb's nichts zu lachen ...

… man wäre nur halb so stark …

… und hätte das Alleinsein
bald schon ziemlich satt.

Wer würde einen verstehen?

Man würde sich
winzig klein fühlen ...

… und die Welt wäre wohl sehr kalt.

Aber zum Glück gibt es sie –

bärig gute Freunde!

Man hat sich gesucht und gefunden!

Zusammen ist man
nirgendwo allein ...

… gute Freunde lassen sich
nicht im Stich …

… und helfen einander aus der Patsche.

Mit Freunden hat man einfach
gut lachen!

Zusammen ist man doppelt so stark.

HO

NIG

Jemand ist da, der mit uns teilt …

... und uns versteht.

Bärig gute Freunde zu haben
ist wirklich das Höchste!

Da wird einem ganz warm ums Herz ...

Danke für alles!

Deine Katrin

Bärenweisheiten

In dieser Reihe sind bisher erschienen:

Liebe ist wunderbär
ISBN 978-3-89008-913-3

Kopf hoch, alles wird gut!
ISBN 978-3-89008-648-4

Für bärig gute Freunde
ISBN 978-3-89008-673-6

Immer eine gute Geschenkidee:
www.groh.de

Illustrationen von Günther Jakobs
Text von Tina Herold

Idee und Konzept: Groh Verlag.

ISBN 978-3-89008-673-6

087010-4253-02

Ein Lächeln schenken

Geschenke sollen ein Lächeln auf Gesichter zaubern und die Welt für einen Moment zum Stehen bringen. Für diesen Augenblick entwickeln wir mit viel Liebe immer neue GROH-Geschenke, die berühren.

In ihrer großen Themenvielfalt und der besonderen Verbindung von Sprache und Bild bewahren sie etwas sehr Persönliches.

Den Menschen Freude zu bereiten und ein Lächeln zu schenken, das ist unser Ziel seit 1928.

Ihr

Joachim Groh

GROH